Cimiteri e Fantasmi

Valentina Pau

Premessa

Salve, amanti dei misteri, eccoci di nuovo alla scoperta di qualcosa che vi farà scorrere i brividi lungo la schiena. Siete pronti? Su esplicita richiesta da parte di un bel gruppo di lettori ho dato vita a questo mio manoscritto.

Vi presento un nuovo libro che vi farà accapponare la pelle…

Con esso vi trasporterò in alcuni dei più inquietanti cimiteri, infestati dai fantasmi, che si trovano sul nostro pianeta.

Molti dei luoghi di sepoltura sono diventati, col passare degli anni, e dei secoli, gli scenari ideali di terrificanti leggende che tramandano racconti spaventosi riguardanti le presunte entità che aleggerebbero al loro interno…

Anime in pena che non riescono a trovar pace, le quali, forse, non hanno neppure capito di essere morte e vagano alla ricerca di risposte esaustive relative allo strano stato in cui si ritroverebbero. Taluni, invece, pienamente consapevoli di essere, oramai, degli spettri, si divertirebbero a spaventare i vivi…

Insomma, su questi luoghi se ne raccontano "di cotte e di crude". Sarà tutto vero? Sarà frutto della suggestione? Come mai sono molteplici i testimoni che ne parlano? Forse, qualcosa di vero, dietro queste storie, si nasconde…

Vi va di affrontare questo viaggio con me, tra le pagine di quest'opera? Se la vostra risposta è "Si!", allora, vi confido che vi trovate nel "posto" giusto, al "momento giusto…

Che il vostro misterioso viaggio abbia inizio…

Buona lettura, coraggiosi!

L'INQUIETANTE CIMITERO DI HOWARD STREET CEMETERY

E' proprio da qui che inizia il nostro viaggio da brivido. Sono certa che tutti avrete già sentito parlare di Salem. Essa, per chi non lo sapesse, è la cittadina più infestata di tutti gli Stati Uniti, situata, se vogliamo esser ancora più precisi, nel Massachusetts.

La sua antica storia parla della famosa caccia alle streghe.

Dovete sapere che nel lontano 1692, un cittadino molto conosciuto in questa città, chiamato Giles Corey, morì dopo terribili torture subite nel corso di un processo per stregoneria. Fu accusato, infatti, di essere un pericoloso stregone…

Poco prima di espirare il suo ultimo respiro, si dice che lanciò una terribile maledizione sulla città…

Da allora, il suo fantasma non si è mai dato pace ed ha iniziato a manifestarsi subito dopo la sua morte…

Secondo la leggenda, fu avvistato anche nel 1914, alcuni giorni prima del Grande Incendio. Nonostante siano trascorsi parecchi anni dal suo decesso, sono numerosi i testimoni che dicono di aver avvistato il suo spettro proprio in questo cimitero, luogo in cui venne sepolto.

Lo si vedrebbe aggirare tra le tombe con un'aria inquieta e spaventosa. Alcuni dicono che non sia un fantasma molto simpatico e farebbe spaventare chiunque.

Altre volte, lo si vedrebbe quasi intento a leggere ogni nome ed ogni data incisa sulle lapidi situate nel percorso che attraverserebbe. La sua sembrerebbe una vera e propria ricerca… ma cosa starebbe cercando? Sarebbe bello scoprirlo! Voi, che dite?

OKUNOIN, LO SPAVENTOSO CIMITERO DEL GIAPPONE

Eccoci "arrivati" ad una nuova tappa del nostro viaggio…

Quello che vedete in foto è uno spaventoso cimitero, come vi ho preannunciato nel titolo, situato in Giappone, per l'esattezza a Okunoin, ovvero un villaggio sacro, nei cui presi si possono visitare ben 120 templi Buddhisti.

Il suddetto luogo, dal fascino misterioso, custodisce un'agghiacciante leggenda…

Vi va di conoscerla?

Si narra che Kobo Daishi, fondatore del Buddhismo Shingon, sia stato sepolto qui, in attesa della sua "rinascita", accompagnato dai suoi fedeli seguaci.

Qualcuno dice di aver visto più volte il suo fantasma e di averci perfino parlato…

Costui continuerebbe a dare consigli per vivere bene ed affrontare con pace e serenità le difficoltà…

Si raccontano parecchie storie riguardo altre presenze di questo camposanto.

C'è, infatti, qualcos'altro che attrae i turisti…

Le numerose e piccole statue di Jizo, un monaco bambino dall'aria dolce e delicata, presenti in questo posto, vengono spesso vestite con veri e propri indumenti per bambini, quali: bavaglini, tuniche, cappellini, e tanto altro. Tali gesti vengono compiuti dai genitori di bimbi deceduti, in memoria dei propri piccoli, affinché costui li protegga.

Il tutto rende l'atmosfera ancor più suggestiva e pare proprio che in certi periodi dell'anno, i fantasmi dei bambini vengano avvistati scorrazzare tra le lapidi. Amerebbero giocare tutti insieme e divertirsi…

Cosa ci sia di reale o meno, non saprei dirvelo… questo è ciò che si racconta…

A voi la scelta di credere o meno!

Buon viaggio nel prossimo capitolo!

IL CIMITERO DI DAROLA, I FANTASMI DELLE DUE GEMELLE E NON SOLO…

Bentornati, amanti dei luoghi spettrali, vi presento un altro cimitero che mette i brividi, quello situato a Darola, una frazione del comune di Trino, nel vercellese, Piemonte.

In questo luogo, tra il XVII e il XVIII secolo, gruppi di satanisti iniziarono a praticare molteplici rituali e magia nera.

Secondo le dicerie popolari della zona, pare che numerose ragazze ed alcune suore, alla fine del 1600, parteciparono a tali eventi. A costoro, si aggiunsero perfino gruppi di monaci, residenti in conventi vicini.

Questo cimitero, senza ombra di dubbio, nasconde anche altri terribili segreti che non sono ancora "venuti a galla". Lo dimostrerebbero, infatti, i fenomeni soprannaturali che si verificherebbero al suo interno. I visitatori più curiosi che hanno effettuato vere e proprie gite da brivido, tra le lapidi di questo silenzioso luogo di sepoltura, confermano la presenza di alcune entità. L'area si presenta ricoperta di vegetazione ed è proprio quest'ultima a creare uno sfondo ancor più macabro, quando cala la notte. Pensate che questo cimitero è abbandonato dagli anni '60, per cui vi lascio immaginare il degrado. Purtroppo, come spesso capita, i vandali hanno distrutto tante lapidi e saccheggiato altre.

Concentriamoci, ora, in maniera più approfondita sul lato paranormale di questo posto, scoprendo cosa si racconta sugli spiriti che si manifesterebbero in più punti.

Intanto, dovete sapere che una delle tombe più conosciute sarebbe quella di due sorelle gemelle, morte all'età di quindici anni, nel lontano 1868, alle quali è stata dedicata un'effigie. Sarebbero proprio i loro fantasmi ad essere quelli più avvistati dai visitatori. Si dice appaiano sorridenti, tenendosi per mano. Gruppi di ragazzi, incuriositi da tali racconti, hanno voluto sfidare le proprie paure, entrandovi in piena notte. Raccontano di essere fuggiti "a gambe levate", dopo aver appurato la reale manifestazione di queste entità. Secondo i loro spaventosi racconti, ciò che incuterebbe un certo terrore sarebbe lo strano luccichio dei loro occhi. Essi si illuminerebbero come quelli di alcuni animali di notte. Tra le varie dicerie, alcune persone raccontano persino di esser state seguite da questi spettri che non avrebbero gradito esser stati disturbati… e quando dico seguiti, intendo, fino a casa propria!

Spero dormiate sonni tranquilli, amici…

IL CIMITERO PIU' INFESTATO DEL
MONDO…

Più vi addentrate tra le pagine di questo libro, più sono certa che vi stiate guardando alle vostre spalle. Fate bene, perché il cimitero di cui vi sto per parlare si dice sia il più infestato al mondo, per via delle numerose attività paranormali che si verificherebbero al suo interno…

Situato a Toowoomba, in Australia, "ha permesso" ai ricercatori dei fenomeni inspiegabili di registrare un numero record di avvistamenti di misteriose entità.

Quella più conosciuta, e immortalata attraverso foto, video e registrazioni, sarebbe una figura grigio-rossastra, che amerebbe restare a pregare, vista la posizione assunta, su una lapide, probabilmente la sua. Ogni anno, i testimoni che raccontano di aver visto con i propri occhi diversi spettri aumenta.

Dovete sapere che i pub e i locali, situati accanto a questo cimitero, hanno scattato molte fotografie, persino in pieno giorno, attratti dai rumori e dalle voci che i fantasmi emetterebbero.

E' un luogo che spaventa parecchio, perché i fenomeni soprannaturali si verificano all'ordine del giorno, secondo quanto si narra...

Alcune persone che si sono recate, come si usa di solito, per portare dei fiori ai propri defunti, asseriscono di aver visto i fantasmi di persone che personalmente conobbero ai tempi in cui erano ancora vive, con le stesse identiche sembianze. Strano, vero?

Preparatevi a scoprire qualcosa di più inquietante…

Codesto luogo, non è famoso solo per le apparizioni delle quali vi ho appena parlato…

Al suo interno accadono altri fenomeni che spaventano persino i custodi. Essi non riescono proprio ad abituarsi ai suddetti avvenimenti.

Pare proprio che numerosi crocifissi cadano dalle lapidi in cui si trovino e i vasi si sposterebbero da soli. Gli studiosi non riescono a capire se gli spiriti irrequieti di questo luogo stiano cercando di comunicare qualcosa attirando l'attenzione con queste attività soprannaturali.

Se vi va di approfondire l'argomento, sappiate che sul web si trovano numerosi video e fotografie che testimoniano i fatti di cui vi ho parlato…

IL CIMITERO SCONSACRATO DI VIGGIU'

Che siano leggende metropolitane o inquietanti realtà, le storie dei fantasmi che vagano all'interno dei cimiteri continuano ad essere raccontate da chi dice di averli visti…

Testimonianze che, ad alcune persone, potrebbero sembrare surreali, eppure in tanti ne parlano…

Attraverso le pagine di questo capitolo, "vi porto" in un agghiacciante cimitero sconsacrato, come potete appurare dal titolo, situato a Viggiu', un comune italiano di circa 5066 abitanti, in provincia di Varese, Lombardia. Cosa si racconta a suo riguardo?

Scopriamolo insieme…

Molte persone sostengono di aver avvertito alcune paurose presenze, le quali amerebbero manifestarsi sottoforma di nebbia… non di certo una nebbia normale! Essa avvolgerebbe solo i visitatori, i quali udirebbero, contemporaneamente a tale episodio, macabri sospiri e rumori. Il tutto avverrebbe, però, solo ed esclusivamente al calar del sole. Proprio come piace a noi, amanti dei fenomeni paranormali…

Uno degli spiriti che verrebbe avvistato con maggior frequenza sarebbe quello di una donna. Sembrerebbe che ella cercasse qualcosa, forse un oggetto caro appartenutole quand'era ancora viva.

La cosa più scioccante sarebbe data dal fatto che costei attraverserebbe i corpi dei passanti… avete capito proprio bene!

Si parla perfino di un'altra fanciulla fantasma alla disperata ricerca del proprio fidanzato.

Di tanto in tanto, le persone che raccontano di aver vissuto esperienze strane, in questo luogo, raccontano gli episodi più spaventosi, come quello che mi ha confidato una fan della mia pagina. Lo scorso anno, incuriosita dalle storie che si raccontano su questo cimitero, non essendo poi così distante dal luogo in cui risiede, ha deciso di andarvi, in compagnia di suo marito.

Quel giorno, non vi era nessuno, oltre loro due…

D'improvviso, videro un uomo molto alto, dal fisico robusto, con i capelli grigi. Apparve dal retro di un albero. Iniziò a fissarli e a camminare avanti, sempre con la testa girata verso loro. Era proprio incuriosito. La ragazza, che per privacy chiamerò Sabrina, pensò immediatamente si trattasse di una persona mentalmente instabile. Suo marito, invece, pensò ad un malintenzionato, visto lo sguardo inquietante. I coniugi, di certo, non pensarono ad un fantasma, finché accadde qualcosa che glielo fece capire, eccome se glielo fece capire!

L'uomo attraversò alcune delle lapidi che si trovavano di fronte a lui…

Fu in quel momento che marito e moglie gridarono ma il fantasma continuò a scrutarli. Fuggirono di corsa, per salire all'interno della propria auto. L'agitazione era tanta e Marco (nome di fantasia) non riuscì quasi ad accenderla. Tornarono a casa e non parlarono per giorni di quell'accaduto. Sabrina sognò quello spettro per una settimana…

Da quel che mi ha narrato, è l'unico fenomeno soprannaturale al quale entrambi hanno assistito, per cui deduco che, forse, qualcosa in quel vecchio cimitero accada veramente e che non siano menzogne le dicerie che circolano su di esso…

Vi aspetto al prossimo cimitero…

Buona lettura, coraggiosi!

IL MACABRO CIMITERO DI ZENTRALFRIEDHOF

Il cimitero di Zentralfriedhof, situato a Vienna, è conosciuto per essere uno tra i più giganti al mondo e non solo!

Al suo interno si trovano le salme di numerosi personaggi famosi e questo lo rende una delle mete più ambite dai turisti.

Inaugurato il 1° Novembre del 1874, accolse il 22 Giugno del 1888 i resti di Ludwig van Beethoven e di Franz Shubert. Entrambi furono collocati nell'area dedicata ai musicisti.

Successivamente, fu seppellito, al suo interno, anche Mozart, al quale è stato dedicato un monumento. Questo camposanto subì gravi danni ai tempi della Seconda Guerra Mondiale. Esso custodisce qualcosa di macabro, oltre ai fenomeni paranormali che vi si verificherebbero. In quel periodo, fu chiuso al pubblico per giustiziare, al suo interno, i disertori politici, i cui corpi vennero poi sepolti.

Qualcuno, incuriosito dalla sua storia, vi si è recato per visitarlo. La gita si sarebbe trasformata in una perlustrazione all'insegna del brivido. Si racconta, per l'appunto, che un gruppo di persone abbia scoperto la presenza di alcuni fantasmi, i quali, probabilmente, in vita furono dei soldati. Si sarebbero materializzati davanti agli occhi increduli dei testimoni proprio accanto ad alcune lapidi nelle quali ve ne sarebbero sepolti diversi.

Una fan della mia pagina mi ha raccontato, qualche giorno fa, di esser stata in questo luogo nell'Aprile dello scorso anno e di aver udito il pianto disperato di una donna, senza riuscire a vederla. E' assolutamente certa che si trovasse alla sua destra. Il lamento è durato parecchi minuti e le sembrava quasi si avvicinasse sempre più. Tale manifestazione è stata, in un secondo momento, accompagnata dallo spostamento improvviso ed inspiegabile di un vaso, adagiato su una delle tombe situate "casualmente" alla sua destra.

Non ha dubbi su ciò che ha vissuto, perché quel giorno non era sola. Con lei erano presenti persino sua madre, sua sorella ed il suo compagno. Tutti e tre hanno appurato che il suddetto cimitero sia avvolto da misteriosi fenomeni soprannaturali. Non è l'unico fatto strano che gli sia capitato. Dovete sapere che nel momento in cui si dirigevano alla propria auto, la voce di un bambino ha pronunciato, alle loro spalle, un nome: Joseph. Nonostante si siano voltati all'istante, non hanno visto nessuno. Sarà stato un altro spettro? Eventualmente, chi stava cercando? Mah! Chissà se un giorno lo scopriremo…

Spero di non avervi terrorizzati. In ogni caso vi informo che il luogo di cui vi ho parlato è visitabile… sia mai vi venisse voglia di andarci.

Grazie per aver letto anche questo capitolo. Preparatevi per il prossimo!

LO SPAVENTOSO CIMITERO DI EDIMBURGO…

Nuovo Capitolo, nuovo cimitero. Devo confessarvi che la Scozia è uno dei miei luoghi preferiti, in quanto custodisce misteriose leggende che sanno proprio incutere un certo brivido. Mi piacerebbe tanto visitarla! Le sue storie paranormali mi affascinano e spero di ammaliarvi con quella che vi sto per raccontare o meglio suggestionarvi…

Devo confessarvi, però, che uno dei fantasmi, di cui vi sto per parlare, non vorrei mai incontrarlo! Forse, neppure voi!

Vi presento il cimitero di Edimburgo, chiamato Greyfriars Kirkyard. Al suo interno sono presenti numerose lapidi molto antiche ricoperte addirittura da muschio ed erba. E' quasi impossibile leggere i nomi dei defunti incisi in esse. La sua costruzione risale alla metà del '500 sull'area che ospitava, prima di esso, un convento francescano da cui prese il nome. Dovete sapere che essendovi sepolte tantissime persone, si trovano anche le spoglie di personaggi importanti: artisti, letterati, politici, scienziati, ecc…

Tale camposanto è stato classificato tra i più macabri al mondo per via del suo stile artistico che riconduce a lontani temi esoterici e ad inquietanti società segrete. Le sculture più ricorrenti sarebbero quelle del tristo mietitore, degli angeli della morte, clessidre alate, teschi e tibie, e tante ancora. Prima di essere trasformato in un luogo di sepoltura a tutti gli effetti, il Greyfriars divenne prima una prigione.

Le storie e le leggende che si raccontano su questo luogo sono agghiaccianti. Quella che state per leggere è una delle più conosciute ed è quella che fa tremare le gambe a chi osa mettere piede all'interno di questo luogo abbastanza tetro. Pronti?

Si dice che vi sia una tomba che incuta un certo terrore, ovvero quella di Sir George MacKenzie. Chi era codesto signore? Fu nominato da re Carlo II per costringere i Convenanters a praticare e seguire solo ed esclusivamente la religione di stato. Essa sembrerebbe un vero e proprio mausoleo ispirato all'epoca rinascimentale italiana. E' proprio qui che si manifesterebbero i fenomeni paranormali più spaventosi. Il responsabile sarebbe proprio il suo fantasma, una presenza malvagia che circa cento testimoni dicono di aver incontrato di notte.

Avete capito proprio bene: cento testimoni!!!

Essa farebbe spaventare i visitatori apparentemente più coraggiosi che parteciperebbero ai ghost-tour notturni. Molti sarebbero svenuti contemporaneamente, asserendo di aver visto questo spirito. Sarebbe in grado di sussurrare minacce e graffiare. Sono certa che vi stiate domandando in questo momento per quale motivo sia così perfido! Ve lo spiego subito. Il Signor Mackenzie, in vita, uccise oltre 1200 persone, proprio all'interno di questo cimitero, per motivi religiosi. Fu un terribile sanguinario, in quanto torturò i suoi prigionieri, infliggendogli le più impensabili e macabre torture. Era considerato un mostro ma si dice che una delle sue abilità fu quella di nascondere perfino alla sua famiglia il suo lato oscuro. Ma chi erano queste persone? Si trattava dei Convenanters presbiteriani che furono sconfitti e tenuti, per l'appunto, prigionieri in questo luogo, quelli di cui vi ho parlato poco fa. Il tutto accadde nel 1679, durante la battaglia di Bothwell Brig. E' proprio questa, probabilmente, la causa principale delle infestazioni di vari spettri. Già, miei cari lettori, i fantasmi in questo inquietante cimitero sarebbero molteplici e piuttosto adirati.

Chi ha disturbato per primo il fantasma di George MacKenzie?

Nel 1998, un senzatetto entrò nella tomba del sanguinario, forse per cercare riparo. Sfortunatamente il pavimento della volta cedette e il pover'uomo cadde all'interno di una fossa in cui si trovavano i resti dei corpi delle vittime di una terribile pestilenza. Egli riuscì a fuggire e nessuno lo vide mai più. Questo evento disturbò la quiete di MacKenzie che scatenò tutta la sua ira da subito su qualsiasi visitatore.

Dal macabro passiamo al lato dolce di questo posto.

Un'altra storia lo ha reso famoso, quella di Bobby e del suo proprietario John, una guardia della sicurezza della polizia di Edimburgo che morì di tubercolosi. Il suo fedelissimo cane vegliò incessantemente sulla sua tomba per ben quattordici anni. L'animale si allontanava solo per andare a bere e mangiare. Purtroppo, in quell'epoca, tutti i cani senza un padrone dovevano essere soppressi ma la storia di Bobby arrivò ai cuori di tantissime persone che riuscirono a salvargli la vita. Si presume che anche il cane sia sepolto in questo cimitero, sotto un albero che si trova accanto ai cancelli, non lontano dalla lapide del suo padrone. Questo perché gli animali non potevano essere sepolti nei luoghi consacrati. Secondo altre voci, invece, le sue spoglie sarebbero situate accanto ad una statua eretta nel 1872, di fronte al cancello che si trova tra George IV Bridge e Candelmaker Row. In onore di Bobby è stata posizionata la statua di un cane che sarebbe diventato uno dei più importanti oggetti simbolo della Città di Edimburgo, quella che potete vedere in foto. Miei carissimi lettori, vi aspetto al prossimo cimitero! Mi raccomando, non lasciatemi sola!

FANTASMI AL CIMITERO DI BITONTO

Siamo "arrivati" in Puglia, coraggiosi, per "visitare" un altro cimitero abbastanza tenebroso. Sto parlando di quello situato a poco meno di 20 Km da Bari, nella splendida cittadina di Bitonto.

Su questo luogo si racconta qualcosa che vi piacerà parecchio e che, probabilmente, non vi farà dormire sereni, stanotte…

Siete curiosi di scoprirlo? Bene, allora, leggete un po' la sua storia!

Il 12 Marzo del 1817, in seguito al ritorno dei Borbone a Napoli, il Decurionato di Bitonto incaricò due ingegneri, Giannuzzi e Suppa, di eseguire le perizie necessarie per la realizzazione del Camposanto. In quest'area, si dice vi fosse, tantissimo tempo prima, un vecchio convento. Sarà un caso il fatto che alcuni visitatori raccontino di aver visto i fantasmi di tre suore? Non è mica finita qui!

Vi confido che al calar delle tenebre, accadrebbero altri fatti soprannaturali, i quali avrebbero terrorizzato molti curiosi che si sarebbero addentrati al suo interno. Un numero spaventoso di figure semitrasparenti, dalle sembianze umane, uscirebbe da diverse lapidi per poi vagare alla ricerca di qualcosa, ma cosa? Secondo gli studiosi di tali fenomeni, esse non avrebbero ancora capito di essere morte, poiché manifesterebbero strani comportamenti simili a quelli che avrebbe, per esempio, una persona che perderebbe la strada di rientro verso casa. Costoro non comunicherebbero con i vivi e sembrerebbero quasi in una dimensione diversa dalla nostra, senza vedere ciò che li circonda. Gli atteggiamenti di queste entità sarebbero tra i più strani analizzati negli ultimi dieci anni.

Spaventerebbero a morte, inoltre, altre figure nere che oserebbero spiare i passanti.

Avrebbero una forma molto strana, ovvero allungata. Alcune di queste presenze sono state immortalate in diverse fotografie, durante gite notturne. Credetemi, mettono i brividi. Potete trovarle sul web, se avete il coraggio di cercarle. Una testimone racconta di aver visto, in pieno giorno, persino il fantasma di un gatto bianco. L'animale le sarebbe passato accanto svanendo nel nulla, per cui il luogo sarebbe infestato anche dai fantasmi di animali. Dico "di animali", perché un altro testimone, racconta di aver visto, invece, quello di un cane. Non so se qualcuno di voi ci sia stato o meno ma ciò che si vocifera su questo posto è davvero interessante, anche se pauroso. Andiamo al prossimo? O volete sostare ancora qui?

PIU' SPETTRI SI AGGIREREBBERO ALL'INTERNO DEL CIMITERO DI CUNARDO

Cunardo è un comune italiano di circa 2943 abitanti, situato nella provincia di Varese. Siamo in Lombardia, amici, tra quattro valli prealpine: Valganna, Valmarchirolo, Valcuvia e Valtravaglia. Un luogo affascinante e ricco di misteri. Conosco tante leggende riguardanti quest'area ma, oggi, vi parlerò dello spettro che si aggirerebbe all'interno del suo cimitero.

Dimenticavo di dirvi che non sarebbe l'unico.

Questa presenza è conosciuta per essere vestita di bianco. Si racconta che si manifesterebbe da parecchi anni, dopo le dieci di sera, infatti nessuno osa passare accanto al cimitero nelle ore successive a quella sopraindicata. Negli anni, non sono mancati i curiosoni, i quali avrebbero spiato lo spettro, nascondendosi dietro alcune case che si troverebbero nei pressi del camposanto. Questo, perché il fantasma uscirebbe attraversando il cancello, per poi vagare tra le vie circostanti. I cunardesi, però, sono stati spaventati, nel corso dei secoli, da diversi fenomeni inquietanti. Si racconta di un fantasma molto alto che camminerebbe, a volte, sospeso per aria, tra le tombe, senza emettere nessun rumore. Si muoverebbe muto come un pesce, perfino davanti agli occhi increduli dei visitatori. Non mancano gli inquietanti rumori di catene, pianti e lamenti. Una leggenda narra che, tanto tempo fa, un gruppo di ragazze, abbastanza coraggiose, decise di indagare e scoprire il mistero dei suddetti fenomeni. Scoprirono che una presenza, in particolare, fosse malvagia ma non si hanno notizie sulla sua identità. Le loro indagini proseguirono e una notte, decisero di sfidare la sorte, o meglio lo spettro vestito di bianco. La più coraggiosa entrò nel cimitero, scavalcando il cancello, con l'obiettivo di strappare la camicia bianca allo spettro. Tale gesto doveva essere compiuto, secondo la loro teoria, a mezzanotte. Non appena mise piede all'interno del luogo, vide in lontananza, accanto ad una grande croce, una figura bianca con le braccia aperte, la quale sembrava chiedere pietà, rivolgendo il suo sguardo verso il cielo. Emanava un bagliore accecante. La giovane si fermò ed il panico s'impossessò del suo corpo. Il fantasma non si mosse ma ella riuscì a trovare il coraggio per avvicinarglisi. Nonostante tremasse, qualcosa la spingeva verso quella misteriosa figura. Quando arrivò ad un passo dall'entità, con forza e destrezza, gli strappò la camicia. Il fantasma scomparve e lei si trovò sola, circondata dal buio più profondo, poiché sparì anche il bagliore che lo spettro emanava. La giovane fuggì a gambe levate, le sue amiche pure. Ognuna rincasò, e colei che stringeva forte quella camicia così candida tra le mani non passò una notte serena. Non appena s'intrufolò nel suo letto, coprendosi fino alla testa, con le proprie lenzuola, udì un inquietante rumore di catene provenire dal suo andito. D'un tratto, una voce inquietante le sussurrò questa frase

"Dammi la mia camicia!". Lo spettro del cimitero l'aveva seguita. I rumori e i sussurri, nonché le minacce, continuarono fino all'una del mattino, cessando improvvisamente. Spaventata dall'accaduto si recò dal parroco che le suggerì di restituire la camicia al fantasma e di portare con sé un gatto nero, il quale l'avrebbe protetta. Così fece, recandosi da sola al camposanto, la notte successiva. L'entità era lì, immobile, ad aspettarla. Ella provò in tutti i modi ad infilargliela ma lui si contorceva per impedirglielo… forse aveva deciso di perseguitarla. Ritornò col prete, qualche giorno dopo e col solito gatto. Il fantasma sembrava agitato, forse perché captò la presenza del parroco che rimase nel cancello ad aspettare. Posò il gatto e provò a far indossare la camicia allo spettro. Non appena tentò di farlo, esso gliela strappò violentemente dalle mani e sparì nel nulla. La ragazza svenne, cadendo a terra. Fu soccorsa dal sacerdote, il quale l'aiutò a riprendersi, riaccompagnandola a casa propria. Fu uno shock troppo grande per lei… Poco dopo morì…

Da quel giorno anch'ella è diventata uno dei fantasmi più conosciuti e si dice vaghi accanto al cancello del cimitero. C'è chi crede si sia pentita di aver stuzzicato il fantasma vestito di bianco, in quanto lei stessa si lamenterebbe, secondo ciò che si narra, della sua bravata…

Vi aspettavate tutto questo brivido? E' un cimitero impressionante! Ho letto due versioni di quest'ultima leggenda ma ho scelto, per voi, quella più inquietante. Spero sia di vostro gradimento!

Ci vediamo al prossimo capitolo!

LA MISTERIOSA LEGGENDA CHE RIGUARDA IL FANTASMA DELLA DAMA VELATA…

Eccomi di nuovo tra voi, miei cari viaggiatori, con questo capitolo intendo portarvi a Torino, non in una parte qualunque, bensì all'interno del suo Cimitero, quello di San Pietro in Vincoli.

Prima di raccontarvi la leggenda, vi racconto un po' la sua storia. Esso è stato il primo cimitero della città sabauda, edificato nel lontano 1777, al di fuori dal centro urbano, progettato da un importante architetto, chiamato Francesco Valeriano Dellala di Beniasco. Inizialmente, il camposanto era molto piccolo e carente dal punto di vista sanitario, perché in estate i cadaveri, emanavano un fetore insopportabile a causa dei metodi poco consoni attraverso i quali venivano seppelliti. A partire dal 1829 esso cadde in uno stato di disuso e col passare degli anni fu chiuso al pubblico. Le uniche salme che vennero ancora seppellite furono quelle dei giustiziati, i cui corpi si gettavano barbaramente all'interno di una fossa scavata nella nuda terra. Per lungo tempo subì i danni dei vandali e al suo interno furono praticati rituali inquietanti, nonché sedute spiritiche. Da quel che si evince numerose tombe sono state profanate…

Nel 1988, venne radicalmente ristrutturato. I resti dei cadaveri, tranne quelli delle cripte del prato centrale, sono stati trasferiti al cimitero monumentale. Attualmente quella che un tempo era l'area del cimitero, oggi è utilizzata per eventi culturali e spettacoli. Eppure, nonostante la sua funzione originaria non sia più in utilizzo, un misterioso fantasma continuerebbe a vagare in questo luogo. Sarebbe quello della cosiddetta Dama Velata.

Chi sarebbe costei? Scopriamolo insieme!

La donna, chiamata Barbara, nacque a Mosca da una nobile e potente famiglia, nel 1764. Si trasferì a Torino, quando suo marito Aleksandr Michajlovic Beloselskij dovette recarvisi per motivi lavorativi. La coppia ebbe tre figli ma alla nascita dell'ultimo Barbara morì. Essendo ortodossa, il suo corpo fu seppellito nel cimitero di San Lazzaro e trasferita, successivamente, per altri motivi, al Cimitero di Pietro in Vincoli, nel lontano 1862. Suo marito fece costruire una statua in suo onore, un bellissimo monumento di marmo che rappresentava una Dama Velata, sulla quale venne incisa la seguente epigrafe:

"Oh, sentimento! Sentimento! Dolce vita dell'anima crudele che, dinanzi a questo monumento così semplice e pietoso, non si raccolga con malinconia e non condoni generosamente i difetti allo sposo che l'ha innalzato!".

Questo gesto da parte del suo amato avrebbe costretto la donna a vagare in pena. Ella non riuscirebbe a trovare la sua pace e cercherebbe disperatamente, ancora oggi, marito e figli.

Qualcuno sostiene che Barbara non sia l'unico spettro ad esse stato avvistato in questo posto.

Entità inquietanti si materializzerebbero sottoforma di sfere luminescenti che assumerebbero poi una forma umana, delle quali ancora non si conosce la propria storia. Saranno solo dicerie o qualcosa di vero, dietro queste storie, si nasconde?

Vi terrò aggiornati! Continuate a seguirmi!

Vagare in pena…

LA SPOSA FANTASMA CHE VAGA NEL CIMITERO DI ROCCA PRIORA

Anche il Cimitero di Rocca Priora, un comune italiano di circa 12307 abitanti della città metropolitana di Roma, miei carissimi lettori, rientra tra quelli che racchiudono spaventose leggende. Situato nell'area dei Colli Albani, custodisce molteplici segreti. Sono proprio quelli a dar vita, nella maggior parte dei casi, alle storie che riguardano i fantasmi che aleggerebbero in questi luoghi di sepoltura.

Anche codesto camposanto è conosciuto per una leggenda piuttosto particolare…

Si dice che una giovane donna, vissuta nel periodo ottocentesco, morì per cause sconosciute, casualmente il giorno delle sue nozze. Costei, profondamente innamorata del suo futuro marito, non si darebbe ancora pace, nonostante siano passati diversi secoli dal giorno del suo decesso. Secondo la leggenda, ella vagherebbe silenziosa tra le lapidi del cimitero, luogo in cui venne sepolta, indossando il suo abito bianco ed il velo in testa. Ogni anno, aumentano i testimoni che asseriscono di averla avvistata e di aver captato chiaramente il rumore dei suoi passi. A volte, il fantasma oserebbe sedersi su una lapide e piangere…

E' stata definita una delle Dame Bianche più avvistate dell'ultimo secolo.

Un fantasma può essere un'ombra, uno spettro, un'entità soprannaturale, a volte malefica, in ogni caso una presenza incorporea… qualcosa che fa tremare le gambe di chi lo incontra…

LA CRIPTA DELLA CHIESA DI SANTA MARIA IMMACOLATA E CIO' CHE SI RACCONTA…

Eccoci arrivati a Roma, miei cari viaggiatori del mistero, vi presento una famosa Cripta, situata proprio in questa Città. Qui sono sepolti i resti di circa 4000 frati appartenenti all'ordine dei Cappuccini Francescani. Come potete notare dalla foto, le ossa di costoro sono sistemate in maniera molto precisa, incastrate tra loro. Esse creano le pareti della Cripta, arrivando fino al soffitto.

In questo luogo, sono presenti più cappelle, ognuna delle quali ha un proprio nome, a seconda del tipo di ossa che "ospita", per esempio, potrete incontrare la Cappella delle ossa pelviche, quella dei crani e tante altre.

E' un posto piuttosto suggestivo che, a tratti, appare oscuro ed inquietante. Essendo situato in un'area sotterranea, la sua atmosfera aumenta ancor più un certo brivido nei visitatori, in particolar modo se qualcuno racconta le proprie esperienze "strane". Una mia compaesana che, per motivi di privacy, chiamerò Rebecca, mi ha confidato di aver visitato questa cripta circa tre anni fa, in compagnia di sua figlia e di una sua amica. Durante il tour, un frate si è avvicinato alle tre donne ed ha iniziato a chiacchierare, spiegando un po' la storia affascinate della Cripta. A parer loro, si trattava di una persona "in carne ed ossa", mai avrebbero pensato potesse trattarsi di un fantasma…

Sta di fatto che, dopo una mezz'ora, l'uomo si è congedato dicendo di essere piuttosto stanco e di necessitare del giusto riposo. Le donne hanno continuato la loro gita, parlando, in un secondo momento con una guida turistica che ha iniziato a raccontargli, più o meno, ciò che il frate aveva già detto. Quando informarono costui della chiacchierata con l'anziano signore, egli rimase stupito, dicendo loro che non potevano averlo incontrato, eppure erano certe di quel nome e glielo ripeterono più volte. A quel punto, la guida svelò loro chi fosse il fantasma, perché di quello si trattava, indubbiamente. Era un frate cappuccino che visse intorno al 1560, i cui resti sono tutt'oggi custoditi nella cappella in cui le donne l'hanno incontrato. Nessuno aveva mai raccontato di aver visto questo spettro. La sua manifestazione non è stata l'unica quel giorno. Mentre le tre donne si accingevano a visitare l'ultima cappella, la figlia di Rebecca asserisce di aver visto il frate entrare nella parete che si trovava alla sua sinistra. Purtroppo, nonostante il suo avviso sia stato tempestivo, le altre due persone che stavano con lei non l'hanno visto. Sarà stata la suggestione o il fantasma si è mostrato una seconda volta? A prescindere da quale sia la risposta a questo mio ultimo quesito, senza ombra di dubbio, le turiste hanno incontrato un fantasma.

Qualcuno di voi ha visitato il suddetto luogo?
Attenderò le vostre risposte!

Che il viaggio continui…

LE MANIFESTAZIONI DEMONIACHE CHE AVVERREBBERO ALL' INTERNO DEL FAMOSO HELLFIRE CLUB

Ben arrivati in un nuovo capitolo da pelle d'oca, cari lettori. Solo i più coraggiosi lo leggeranno sino alla fine.

Vi informo che, in questi ultimi giorni, mi sono dedicata alla lettura di storie inquietanti che riguardano l'Irlanda, un altro luogo che mi affascina. Oggi, l'argomento sarà piuttosto forte.

Chi ha voglia di fare questo viaggio con me, "salga a bordo!", prima, però, accertatevi di avere coraggio…

Siamo in quello che viene chiamato Hellfire Club, un antichissimo edificio situato sulle Dublin Mountains, fatto di pietre e costruito nel lontano 1735, su una tomba risalente all'epoca neolitica. Si, avete capito proprio bene, vi sto parlando di un ex cimitero, se così possiamo definirlo nel 2023.

Dovete sapere che, in passato, venne utilizzato da una setta i cui membri erano Nobili Signori. Costoro praticavano, tra queste fredde e silenziose mura, gli atti più atroci che la mente umana possa immaginare, nonché messe nere per invocare Satana e demoni. Furono proprio loro a dargli questo terribile nome.

In epoca moderna, invece, l'ubicazione è stata utilizzata come rifugio dai cacciatori. Si racconta che il numero di testimoni che racconta di aver percepito e assistito a manifestazioni demoniache sia incalcolabile.

Sono troppe le persone che hanno perfino accusato malori durante la visita di questo macabro posto. Le presenze malefiche riuscirebbero ad entrare nella mente degli sventurati, diventando quasi martellanti. Ripeterebbero frasi agghiaccianti dal "profumo di morte".

Quello che si racconta su questo luogo è a dir poco scioccante. In tanti dicono persino di aver visto, al calar del sole, gli spettri di più persone incappucciate, intente a recitare inquietanti "ritornelli sadici", in un apparente stato di trance.

Che l'Hellfire Club nasconda qualcosa di terribile, non vi sono dubbi... meglio star lontano, soprattutto quando qualcuno asserisce di esser stato perseguitato fino a casa propria da una delle sue presenze, nonché tormentato...

Buoni brividi a tutti!

Se in tanti ne parlano, qualcosa esisterà...
che dite?

L'ANTICO CIMITERO EBRAICO DI PRAGA E I SUOI MISTERIOSI FENOMENI PARANORMALI

Salve, coraggiosi, o meglio dire amanti dei cimiteri infestati, oggi "vi porto" in un altro luogo piuttosto affascinante, il quale pare, secondo quanto si vocifera, sia infestato dalla presenza di alcuni fantasmi che verrebbero avvistati costantemente. Non so dirvi esattamente quanto siano attendibili certe testimonianze, poiché non ho trovato alcuna prova a riguardo. Nonostante ciò, a parer mio, incutono un certo brivido…

Esso è stato utilizzato dal 1439 al 1787, per cui risulta abbandonato da moltissimo tempo. Non è semplice risalire al numero di lapidi presenti al suo interno, perché sono state posizionate in maniera insolita, ovvero a strati, l'uno sopra l'altro, ciascuno dei quali ne "possiede" un numero incredibile. Lo scenario che si presenta agli occhi dei visitatori è quello che vedete in foto. Si presume che il numero di tombe superi le 12.000 (integre e ben visibili). Addentriamoci, ora, nella parte che ci piace di più. Secondo svariate testimonianze, in questo camposanto, vengono avvistate parecchie entità, capaci di muoversi velocemente tra una lapide e l'altra. Alcune spierebbero chi vi si addentra, nascondendosi dietro alcune tombe, per evitare di essere viste ma, da quel che alcuni raccontano, i loro occhi luccicherebbero in una maniera spaventosa ed il loro sguardo incuterebbe un certo timore. E' come se alcuni fantasmi abbiano la consapevolezza di esserlo…

Diverse persone dicono di esser state spaventate da presenze non buone, altre narrano di entità benevole. E' un luogo suggestivo e misterioso, dal fascino soprannaturale che, senza ombra di dubbio, nasconde tanti segreti…

IL CIMITERO PIU' SPAVENTOSO DI LONDRA PER VIA DEI SUOI FENOMENI PARANORMALI

Ecco un nuovo capitolo da brivido, amanti degli spettri! Ho notato che vi piacciono moltissimo i cimiteri infestati, visto che siete arrivati fin qui! Vi presento un altro cimitero cha fa rabbrividire, ovvero quello di Highgate, situato nella bellissima Londra. Come potete notare dalla foto, esso ha un particolare fascino gotico, capace di "mescolare il macabro al sacro". Al suo interno sono sepolti i corpi di vari personaggi famosi, tra i quali, per esempio Karl Marx.

Sono tante le leggende, le dicerie e i misteri di cui questo luogo è diventato il soggetto principale. Tutto ciò attira, ogni anno, migliaia di visitatori da tutto il mondo, attratti, in particolar modo, dalle inquietanti storie di fantasmi che lo riguardano. Dovete sapere che vi è un'area chiusa al pubblico da parecchio tempo ormai, in quanto molto vecchia. E' proprio lì, secondo i racconti popolari che si verificherebbero i più spaventosi fenomeni paranormali, nonché le apparizioni di entità piuttosto inquietanti e pericolose. Una di quelle di cui si parla maggiormente, fra le più temute, sarebbe quella di Elisabeth Siddal, moglie del poeta Dante Gabriel Rossetti. Si dice fosse una terribile vampira e che lo sia tutt'oggi. Il suo corpo venne seppellito nel 1862, proprio in questo cimitero. Dopo sette anni, fu riesumato per essere studiato dalla British Psychic and Occult Society. Quando la lapide venne aperta, fu scioccante per gli investigatori trovare il corpo intatto, dopo così tanto tempo. Era un fatto misterioso ed inspiegabile. Perfino i suoi capelli rimasero rossi e splendenti. Da allora si racconta che diverse persone, occupatesi del suo caso, siano state perseguitate dal fantasma di questa donna e minacciate. Ebbene sì, la Signora non ama il fatto che qualcuno indaghi sulla sua vita passata e su quella "odierna", se così possiamo definirla. Col passare degli anni, sono stati effettuati, in questo cimitero, macabri rituali, sacrificando diversi animali (poveri!).

Si racconta che sarebbe stata risvegliata un'entità crudele. Si tratterebbe di un ex serial killer che ancora oggi si aggirerebbe in questo posto, aggredendo i visitatori che avrebbero la sfortuna di incontrarlo. Tale entità sarebbe in grado di manipolare le menti degli sciagurati, infliggendogli angoscia e dolore. Questa è solo una piccola parte di ciò che succede qui! C'è chi racconta di esser stato rapito da entità che sarebbero comparse sottoforma di una strana fluorescenza e portati in luoghi sconosciuti e tetri. I testimoni si sarebbero risvegliati, poi, sopra alcune lapidi…

Insomma, anche su questo luogo di sepoltura si vocifera di tutto! Chissà cosa realmente nasconda! Si parla tanto di sfere luminose che vagano tra le lapidi, ombre, fumi che assumono sembianze umane, entità invisibili che graffiano, toccano e sussurrano ai visitatori. Voi, che dite? Cosa sarà vero e cosa falso? Sarò lieta di conoscere il vostro pensiero!

Buon proseguimento di lettura, miei cari lettori!

L'INQUIETANTE RITO CHE SI SVOLGEVA AL CIMITERO DELLE FONTANELLE

Un altro viaggio nel brivido è pronto per voi! Andiamo a Napoli? Bene, allora, seguitemi!

Vi farò conoscere qualcosa che vi farà, e ne sono certa, accapponare la pelle. Pronti per la lettura?

Il cimitero delle Fontanelle è situato ai confini del Rione Sanità di Napoli, ovvero uno dei quartieri più popolati e rumorosi della città.

Esso giace all'interno di una cava molto antica, la cui oscurità viene a malapena illuminata dalla luce naturale dei raggi del sole, motivo per il quale è stato sistemato un impianto di luci artificiali al suo interno.

Qui si trovano i resti di ben 40.000 persone, vittime della terribile peste del 1956, del colera del 1836 e non solo…

Sono certa che vi stiate chiedendo come mai io ve ne stia parlando e per quale motivo sia abbastanza conosciuto.

Sarò lieta di raccontarvelo…

I teschi che vedete al suo interno vengono chiamati in dialetto napoletano "cappuzzelle". Secondo la credenza di questo luogo, fungerebbero da tramiti fra i vivi e i morti. In questo cimitero si svolgeva, in passato, un rito molto particolare, a dir poco inquietante…

In che cosa consisteva?

Qui, vi avviso, ci addentriamo nella parte più macabra…

Esso prevedeva "l'adozione" e la sistemazione di un teschio al quale era legata un'anima abbandonata, detta "pezzentella". Ciò veniva effettuato per ottenere, in primis, da essa protezione…

Al cranio veniva dato, spesso, un nome e una storia, talvolta persino un ruolo. Dovete sapere che negli anni '70 gruppi di donne, raramente uomini, aspettavano accanto ai cancelli del camposanto, rigorosamente in piena notte (pensate che brivido!), perché si narrava che misteriose ed inquietanti ombre venissero mandate da San Francesco, un cabalista spagnolo, il quale aveva il potere di rivelare i numeri vincenti del lotto che, appunto, comunicava alle suddette entità per confidarle poi alle fedeli…

Quando il gruppo di donne "adottava il teschio", quest'ultimo diventava parte integrante della famiglia.

I dettagli del rituale…

Il cranio veniva pulito con cura, lucidato e adagiato su particolari fazzoletti ricamati. Attorno ad esso si posizionavano dei lumini e alcuni fiori…

Successivamente, gli veniva messo un rosario "attorno al collo", oggetto che durante il rito veniva poi sostituito da un cuscino, anch'esso ricamato.

Dopo lo svolgimento di questa pratica, sarebbe avvenuta, in un secondo momento, in sogno, l'apparizione dell'anima scelta, la quale chiedeva due cose: preghiere e suffragi.

Il culto fu vivo, in particolar modo, ai tempi della Seconda Guerra Mondiale e nei primi decenni del Dopoguerra.

Tutti i teschi utilizzati facevano parte dei resti anonimi di persone che versarono, in vita, in condizioni disagiate e non potendo permettersi una degna sepoltura, le loro ossa venivano ammassate in caverne, quelle che vedete in foto.

Anche qui ci sarebbe da dilungarsi parecchio, poiché si tratta di un argomento, a parer mio, molto interessante.

Spero che il mio "riassunto" sia stato di vostro gradimento.

Un saluto a tutti i miei lettori napoletani Se desiderate aggiungere qualcosa su questo argomento, vi aspetto tra le recensioni.

GLI INQUIETANTI ACCADIMENTI
ALL'INTERNO DELLE CATACOMBE
DI PARIGI

Eccoci, siamo arrivati in Francia! Sono certa che tutti voi conosciate il luogo di cui vi sto per parlare. Mi chiedo, però, se siate al corrente di alcuni accadimenti da brivido che si sono verificati in questo luogo, in passato e nei giorni nostri!

Pronti per rabbrividire?

Si racconta che agli inizi degli anni '90, in questo posto, conosciuto per essere altamente infestato dai fantasmi di diverse anime, i cui corpi "riposano" al suo interno, fu ritrovata una telecamera ancora funzionante. Gli esperti che analizzarono i lunghi minuti della registrazione, fecero una scoperta che gli fece accapponare la pelle. In sottofondo, si sentivano dei rumori terribili ed angoscianti. Nel frastuono di tale mix, si percepiva chiaramente la voce di un uomo, molto spaventavo, che cercava di fuggire "da qualcosa". Lo si capiva dalle parole che, in preda al panico, riusciva a far uscire dalla sua bocca e dal rumore dei suoi passi accelerati. Sembrava proprio corresse…

D'un tratto, egli iniziò a gridare, riuscendo a riprendere parte del suo volto, ma proprio in quell'attimo si intuisce che la camera cadde a terra, permettendo di vedere benissimo lo sventurato correre verso una parte buia del cimitero, in cui sparirà per sempre.

Secondo quanto si continua a narrare tutt'ora, l'uomo non venne mai più ritrovato e la sua sparizione rimane ancora un mistero.

Non è mica finita qui!

Si dice che uno dei fantasmi più avvistato sia quello di Philibert Aspairt, uno dei più antichi custodi dell'ospedale Val De Grace, il quale sia addentrò in questi sotterranei per sbaglio, con una candela in mano. Anch'egli non sarebbe più uscito...

Il cadavere, però, venne ritrovato dieci anni dopo e riconosciuto grazie alle chiavi dell'ospedale che portava con sé, per cui sepolto proprio nelle catacombe. Secondo quanto si vocifera, il 3 Novembre di ogni anno, anniversario del suo ritrovamento, il suo fantasma si manifesterebbe con aria angosciata tra gli inquietanti cunicoli di questo posto...

Sono tanti i testimoni che dicono di aver visto entità incorporee attraversare le vie al suo interno ed inquietanti ombre che li avrebbero seguiti. Non manca perfino chi parla di strani sussurri che farebbero rizzare i capelli a chiunque...

Ci siete mai stati? Eravate a conoscenza di queste storie agghiaccianti?

Buon proseguimento nel viaggio del mondo paranormale! Ci vediamo al prossimo capitolo... o cimitero, se preferite!

LE MISTERIOSE ED INNUMEREVOLI APPARIZIONI DI FANTASMI AL CIMITERO DI LAKE VIEW

Salve, amanti dei cimiteri, un nuovo capitolo, oserei dire misterioso, è pronto per voi! Quello che vedete in foto è uno dei cimiteri probabilmente più conosciuto al mondo.

Situato a Seattle, Washington (USA), fa tanto parlare di sé. Si tratta di un cimitero la cui costruzione risale al lontano 1700. Già da allora divenne oggetto di numerosi racconti inquietanti, i quali ancora oggi continuano ad essere tramandati dalle testimonianze di chi dice di aver assistito, al suo interno, a fenomeni paranormali. Esso in realtà è composto dall'unione di ben cinque cimiteri distinti: il Cimitero Episcopale, Il Gerard, Il Rice, Il Lake View ed infine il Waverly. Vi lascio immaginare quanti corpi siano sepolti in questo luogo! Qui, vi si trovano, per esempio, quelli di tredici veterani della Rivoluzione, nove della Guerra Civile, dodici della Prima Guerra Mondiale, sei della Seconda e tre del Vietnam… perfino quelli di Bruce Lee e di suo figlio.

La parte più antica sarebbe quella costituita dal cimitero episcopale.

Scopriamo ora il suo lato misterioso…

Era il 16 Maggio del 1937 quando una giovane ragazza, chiamata May, decise di uscire di casa per fare una passeggiata rilassante in mezzo alla natura, con l'intento di raccogliere un bel mazzo di fiori da donare alla sua insegnante. Mentre camminava sul prato profumato, d'un tratto, inciampò su qualcosa che mai avrebbe pensato di vedere in vita sua, ovvero il cadavere di una bimba, incastrato tra le erbacce. Un'immagine scioccante ed una scoperta macabra che May non poté mai dimenticare…

Corse immediatamente a casa di un suo amico per informarlo di tale ritrovamento. I due giovani contattarono tempestivamente le forze dell'ordine, le quali si precipitarono sul luogo.

Dalle indagini effettuate, rilevarono che il corpo appartenesse a quello di una bambina di sette anni, morta dopo esser stata ustionata e sgozzata…

Quella non fu, purtroppo, l'unica scoperta del giorno. Uno degli agenti, durante la perlustrazione della zona, sollevò il capo e venne attratto dalla testa di un ragazzino in lontananza, con lo sguardo fisso. Vi si accostò, con altri colleghi, notando subito che aveva anch'egli la gola ferita. Era vivo e cercava di parlare. Il suo corpo era ricoperto di lividi. Trasportato in ospedale, riuscì a salvarsi. Era troppo spaventato per raccontare cosa gli fosse accaduto. Quando trovò il coraggio di farlo, raccontò agli agenti qualcosa di terribile. La bimba morta era sua sorella. La responsabile di tale scempio fu la loro madre, la quale, inizialmente, negò tutto, poi confessò…

Desiderava sbarazzarsi dei propri figli per vivere una vita spensierata col suo amante. Venne arrestata ma non si hanno notizie sul suo decesso, tantomeno se fosse uscita o meno di prigione. Sta di fatto che dal giorno in cui il cadavere della bambina venne ritrovato, il suo fantasma vagherebbe in cimitero alla ricerca di aiuto. Fa rabbrividire il fatto che continui a cercare la sua mamma, nonostante le abbia tolto la vita. Povera stellina! Di suo fratello si sono perse le tracce…

Nessun documento ufficiale attesta cosa gli sia accaduto, dopo esser stato dimesso dall'ospedale. Si presume sia comunque morto giovane, perché sua sorella viene, spesso, avvistata mano nella mano con il fantasma di un ragazzo, probabilmente quindicenne, che lei chiama Jimmy, casualmente come si chiamava suo fratello. Non mancano, in questo triste luogo, i fantasmi dei soldati, di una coppia di coniugi molto anziani, di una donna che rimase vedova molto presto, la quale urlerebbe il nome di suo marito e varie entità che si manifesterebbero sottoforma di sfere luminose biancastre e fasci di luce verdi fluorescenti…

Insomma, non manca proprio nulla!

Vi dirò di più!

Qualcuno parla di una tomba che da millenni esploderebbe puntualmente ogni anno, alla stessa data. Il caso vuole che sia quella incisa sulla lapide e che riguarda la morte di un uomo deceduto il 13 Dicembre del 1867…

Questa è solo una parte dei misteri che nasconde il cimitero di Lake View. Sul web trovate tantissime altre informazioni e leggende a riguardo!

Grazie per esser stati con me! Vi auguro una giornata da brivido!

Ci vediamo al prossimo step!

LA VAMPIRA DEL PISCO RESORT E LE SUE APPARIZIONI

Amanti dei vampiri, ho qualcosa che fa per voi!

Quella che vedete in foto è la tomba di Ellen Roberts. Si racconta fosse una delle tre spose di Dracula. Venne accusata di essere una spietata assassina, una strega e una vampira. A causa di ciò venne giustiziata nel 1913 proprio dove ora giace il Pisco Resort, in Perù.

Essendo originaria dell'Inghilterra, il suo corpo non fu accettato lì per essere seppellito, per cui suo marito decise di farlo seppellire in terra peruviana.

Da allora si dice che il suo terribile fantasma infesti l'hotel, spaventando gli ospiti e pare non sia simpatica…

Qualcuno racconta di esser stato perfino ferito dalle sue unghie affilate come coltelli…

Il suo fantasma non vagherebbe solo qui! In tanti sostengono di averlo visto proprio accanto alla sua lapide. Generalmente, comparirebbe di spalle, per poi voltarsi d'improvviso e spaventare i passanti. Se proprio la si dovesse "beccare" più nervosetta del solito, griderebbe! Un bel personaggio, vero?

Se vi va di conoscerla, sapete dove trovarla!

Il mistero è tutto ciò che non si può intendere o spiegare in maniera chiara... E' per questo, forse, che attrae i più curiosi...

GLI SPETTRI DEL VECCHIO CIMITERO ABBANDONATO DI MARZANA

Eccomi, vi state chiedendo dove andremo? Bene, ecco a voi la risposta!

Vi presento un cimitero che è stato abbandonato negli anni '50, per via dei repentini spostamenti della popolazione locale, verso i centri abitati, più grandi e confortevoli.

Situato nelle silenziose campagne di Marzana, in provincia di Verona, pare "ospiti" diversi fantasmi.

Alcuni gruppi di Ghost Hunters hanno appurato la presenza del fantasma di un bambino che vagherebbe da solo tra i ruderi inquietanti di questo luogo. Pare abbia, involontariamente, fatto spaventare diversi investigatori dei fenomeni paranormali... e non sarebbe l'unico.

Qualcuno dice di aver parlato con una coppia di giovani fidanzati, vestiti con abiti molto antichi, i quali si sarebbero, poi, congedati e allontanati, mano nella mano, sparendo tra gli alberi.

Si racconta addirittura della presenza dello spirito di un cane dal manto marrone, il quale si divertirebbe a correre tra le lapidi. Non manca lo spettro di un uomo che sarebbe apparso più volte e che tante persone dicono di aver visto, la cui foto è impressa su una delle obsolete tombe fatte di pietra.

Lo scorso anno, un gruppo di ragazzi, si sarebbe avventurato all'interno di questo cimitero, in piena notte...

Si vocifera siano stati spaventati a morte da una gigantesca ombra nera, dalla voce maschile, la quale avrebbe intimato loro, con fare poco dolce, di abbandonare il posto. Non so dirvi esattamente cosa ci sia realmente in questa vecchissima parte d'Italia e cosa ci sia di vero o meno nei racconti popolari, eppure, è certo il fatto che qualcuno continui a parlare di fenomeni soprannaturali che si verificherebbero ancora oggi, perlopiù, all'alba e durante la notte…

Questa era la nostra ultima tappa… quante volte vi siete voltati per guardare alle vostre spalle?

Indice

LETTERA AI LETTORI

Eccoci arrivati alla fine di questo viaggio! Non sarà l'ultimo che faremo insieme, miei cari lettori! Se siete arrivati alla lettura di questa pagina, significa che siete molto coraggiosi. Abbiamo visitato luoghi spettrali, oscuri, dal "sapore macabro", i cui fantasmi ci terranno compagnia per un po', perché, come sempre, spero di avervi suggestionato e di aver portato nelle vostre case quella ventata di terrore che desideravo far arrivare…

Le storie da brivido spaventano ma hanno un fascino irresistibile… quel mix tra adrenalina e paura che crea un connubio perfetto per gli amanti del genere!

Grazie per aver letto il mio libro e ringrazio tutti i lettori che li stanno collezionando uno ad uno. E' stupendo ricevere il vostro affetto! Vi ringrazio infinitamente per i bei messaggi che mi scrivete, per gli abbracci che mi date quando mi incontrare, accompagnati da splendide parole, e per tutte le volte in cui mi taggate sui social mostrandomi le foto dei miei libri a casa vostra. E' un'emozione forte vedere che una parte di me stessa si trova custodita nelle vostre abitazioni…

Ho volutamente scelto di pubblicare il mio libro con l'arrivo dell'autunno, perché con esso le giornate si accorciano e i brividi che queste letture trasmettono, al calar del sole, sono più intensi. Non dimentichiamo che ottobre è il mese delle leggende inquietanti, ovvero quelle che non fanno dormire la notte, per cui il quadro mi sembrava perfetto per farvi conoscere la mia nuova opera. Come sempre, vi consiglio di leggere i miei libri di notte, accompagnati dalla luce soffusa di una lampada o di una candela. Vedrete che brivido scorrerà lungo le vostre schiene…

Intanto, vi auguro Buonanotte, se state andando a dormire o un buon proseguimento di giornata, se non avete trovato il coraggio di leggere il mio manoscritto in tarda serata…

Dolci incubi a tutti… ci vedremo al prossimo!

Vi state chiedendo cosa stia già preparando? So che siete curiosi! Il prossimo libro sarà… Chissà!

Vi lascerò col fiato sospeso

Dovrete aspettare, perché devo godermi questa nuova stesura!

Grazie a tutti!

A presto e con affetto…

Valentina

Ci vedremo al prossimo brivido…

(Foto pexels e pixabay)